무심천의 노래

무심천의 노래

■

권희돈

한 솔

| 시인의 말 |

무심천의 물이
신성(神聖)한 까닭은

오래전부터 흘렀으되
날마다 새롭게 흐르기 때문이다.

2021년 10월
시우 권희돈

* 시우(時雨): 시절에 맞춰 내리는 비

| 차례 |

무심천의 노래

무심천의 노래*1
– 소리

여기 들어오는 자여

아래 하(下) 자의 저 뿌리 끝

문(門)을 열고

한 번 가면 다시는 돌아오지 못하는

심연(深淵)의 하늘에

그대 마음

던지시오.

무심천의 노래*2
– 빛

안으로
안으로만
들어가십시오.

근심을 만나거든 근심을
원망을 만나거든 원망을
부처를 만나거든 부처를

일어나면 꺼지고
꺼졌다 다시 일어나는
거품 같은

바람을 만나거든 바람도

다 비워내고

비우고자 하는 마음도 비우고

스스로를 비추는

빛이 되십시오.

무심천의 노래＊3

－터

그 어느 것의 곳도 아니면서
그 어느 것의 곳이기도 한,

봄까치꽃 버들치 해오라기 새앙쥐
어우러져 살아가는 생명의 터전.

지친 새의 날개를 단 이가
고양이 발걸음으로 찾아올 때,
함께 울어주는 안식처.

맑은 고을의
시원始原이며 탯줄이고, 젖줄이며,
놀이터이며, 배움터고, 휴식처이며
마음을 정화시키는 사원寺院이고
그리고 生으로 연결된 응급실.

그 누구의 것도 아니면서
그 누구의 것이기도 한.

순간瞬間에 영원永遠을

모래알에 우주宇宙를

담고 있는 곳.

무심천의 노래*4
– 무심천에 와서

무심천에 와서

바람과 풀과
흐르는 물을 바라보면서
사람을 생각하지 말 것.

물가에 앉은 새 냇가의 자갈밭
피고 지는 꽃을 휴대폰에 담지 말 것.

레고놀이 하는 어린아이처럼
높은 성채를 쌓아올렸다가
신나게 부술 것.

안개처럼 쿨하게
사라져 줄 것.

무심천의 노래*5
– 무심천처럼

마음이 어지러워
천 갈래 만 갈래 갈라질 때에는
무심천에 나아가 볼 일이다.
좁으면 좁은 대로
넓으면 넓은 대로
한 줄기 한 마음으로 흐르는
무심천의 물 바라볼 일이다.
돌아갈지언정 멈추지 아니하고
갈라질지언정 이내 다시 만나
한 줄기 한 마음으로 흐르는
무심천의 물 바라볼 일이다.
어느 날 훅, 먹구름이 밀려와
눈앞이 캄캄할 때에도
하늘 푸르러
햇살 밝을 때에도
무심천에 나아가 볼 일이다.
행복이나 불행이나
그 무엇에도 집착하지 아니하고

바람에 눕는 풀의 길처럼
앞으로만 곧게 뻗어 흘러가는
무심천의 물 바라볼 일이다.
낮아질수록 깊어지고
멀어질수록 넓어져
스스로를 다스리며
지혜로워져가는 그 물에
눈을 씻고
귀를 씻고
마음의 때를 씻어
내 안에 빛
채워볼 일이다.
오래 전부터 흘렀으되
날마다 새롭게 흐르는
무심천 신성神聖한 물이
되어볼 일이다.

무심천의 노래*6

– 無心川本曲(讚白雲和尙歌*)

구름 속을 헤쳐나와
높이 솟은 님이시어
무심히 흐르는 시냇물
모래밭 얕은 언덕
반짝이는 조약돌
프서리*십 리 안팎
푸르게 비치는 님이시어
물고기 잠 깨우는 님이시어
마음 가리키고 가리켜
날마다 맑은 마음 님이시어
아아, 하늘로도 덮지 못할
님이시어!

* 고려 말(1377년) "직지"를 편찬한 백운화상을 찬양하는 노래로, 신라 충담사의 「찬기파랑가讚耆婆郎歌」를 패러디하였음. 불교의 초발심인 무념무상無念無想과 무심천의 근원적 이미지를 동질화시켜 찬백운화상가를 무심천본곡으로 형상화 한 작품임.
* 프서리: 풀숲의 고어.

무심천의 노래＊7

– 無心川別曲*(無心川)

가만히 들리는 하늘눈썹
입가에 벙그는 금빛 미소

한계저수지에선가 머구미고개에서*
꽃다리를 지나 까치내까지

계절은 시궁쥐마냥 달아나고
인심은 밀랍같이 굳어가는데

가시는 님이여
가시는 님이여

상수리나무 언덕 너머로
밤마다 가시는 달님처럼

무심히만 가시는 님이여
무심히만 가시는 님이여

* 이 작품은 첫 시집 「하늘눈썹」에 실린 작품을 두 군데 수정하여 여기에 다시 실은 작품임. 「무심천」을 「無心川別曲」으로, '물안저수지에선가 무너미 고개에서' 를 '한계저수지에선가 머구미고개에서' 로.

무심천의 노래*8
– 연어의 고향을 찾아서

팔월 상달 한계리를 찾아 길을 나섰다. 얼마였던가? 대지의 탯줄을 끊어버리고 살아온 세월. 연어는 까마득한 날의 기억을 더듬는다. 그렇지, 고은사거리. 고은사거리에서 상대릿길로 들어서자 길가에 앉은 꽃들이 눈인사로 반긴다. 노동교에서 인차교까지 코스모스 이열종대로 서서 한들한들 손을 흔든다.

맞아, 미원 가는 큰길에서 은행리 쪽으로 빠져야지. 음음 그렇지, 발길을 옮기자 금세 나타나는 한계천. 엄마의 냄새, 물은 나지막한 노래로 연어를 반긴다. 연어의 몸이 후끈 달아오른다. 언덕길을 오르니 태초의 고향 한계저수지, 연어는 그 어미의 어미가 그랬던 것처럼 몸을 뒤채이기 시작한다.

선도산과 선두산이 가만히 내려다보고 있다.

* 무심천 발원지로 거론되어 온 곳
  1. 가덕면 내암리 메서리 골짜기(벽계수 옹달샘)
  2. 가덕면 선도산 자락 남쪽 골짜기(한계저수지 위)
  3. 낭성면 추정리 산정말(쌍샘 우물)
  4. 낭성면 추정리 2번지 골짜기(머구미고개)
* 한계저수지는 선도산과 선두산에서 내려오는 물을 저수한 곳임.

무심천의 노래*9
– 시동리 아우라지*

산정말 쌍샘물과 머구미 고개의 물이 추정리 아이룹 카페*에서 만나 어우러지고, 금거리에서 내암리 벽계수 옹달샘의 물과 다시 어우러져 금거천으로 흐르다가, 시동리*에 와서 새각시 들이듯 한계천 물을 맞이하여 무심천 가문의 역사가 새롭게 시작된다.

남쪽으로 들판 끝 마야 카페*를 품은 성모산, 피반령을 거느린 대술산, 북쪽으로 은행리 마을을 호위하고 선 시루봉 성무봉, 동쪽으으로 선도산 선두산, 우뚝우뚝 솟은 산들로 둘러싸인 분지, 그 한가운데 배꼽처럼 들어앉은 시동리 아우라지.

몸과 몸이 부대끼며 물결소리 어울렁어울렁 춤추는 곳. 밤마다 산들이 내려와 어둠의 집을 만들면, 무심천은 별들의 이야기처럼 추억으로 흘러가고, 바람은 갈대숲에 머물고, 수중모옥 쪽대문 위에 꽃등불 켜고 은은한 정 깊어 가겠다.

* 아우라지는 어우러지다에서 파생된 명사로 어우러지는 곳이라는 의미의 지명. 정선 아우라지는 우리나라의 대표적인 아우라지임.
* 이곳 아우라지의 정중앙은 남일면 은행리와 가덕면 시동리가 경계를 이루는 곳이나, 편의상 시동리 아우라지로 표기하였음.
* 산정마을 쌍샘의 물과 머구미 고개의 물이 만나는 지점에 위치한 카페. 아이룹은 인도어로 '마시다' 란 뜻임.
* 수곡리 아우라지 남쪽 성모산에 포근히 안긴 마야사 내의 카페. 마야는 부처님 어머니 이름.

무심천의 노래＊10

– 初夏, 大淸湖 附近

초록이 모든 물상들을 침묵으로 지배하고 있었다.

초록물감이 쏟아져 물과 풀과 바람과 산을 물들여 놓았다.

초록의 지느러미 깃발같이 나부끼며 순백純白의 배 한 척 호면湖面 위를 미끄러져 가고 있었다.

초록이 물보다 더 깊었다.

우리 일행의 말소리에서는 풀냄새가 풍겼다. 발자국은 푸르게 찍혀나가고 숲속의 산새소리 파릇파릇 돋아나는 길 위에서, 우리는 초록밥을 먹고 초록빛 나뭇잎 같은 초록빛 춤을 추며 초록빛 노랠 불렀다.

초록은 침묵보다도 더 검고 무서웠다.

무심천의 노래 * 11
– 달, 물, 별 그리고 꽃

무심천의 달은
빈 마음으로 떠올라 더욱 밝고 둥글고

무심천의 물은
빈 마음으로 흘러 물소리 더욱 청량하고

무심천의 별은
빈 마음으로 떠서 어둠에 더욱 반짝이고

무심천의 꽃은
빈 마음으로 피어 바람에 더욱 흔들리고

무심천의 노래＊12

― 빈 마음

대청호의 물은
장평교長平橋에 와서
대청호를 뒤로 하고
무심천無心川으로 흐른다.

무심천의 물은
까치내鵲川에 와서
무심천을 뒤로 하고
미호천美湖川으로 흐른다.

미호천의 물은
합강合江에 와서
미호천을 뒤로 하고
금강錦江으로 흐른다.

금강의 물은
서해西海에 와서
금강을 뒤로 하고

바다가 된다.

* 대청호에서 퍼내는 물이 장평교 바로 위쪽에서 무심천과 합류한다. 대청호도 또 하나의 무심천 발원지가 되는 셈이다.

무심천의 노래＊13

– 용평교에 가서

내가 용평교를 자주 찾는 것은
습관 때문이다.
습관은 오랜 친구처럼 편안하다.
하루의 일과를 여기에서 시작한다.
용암동 사람들은 이 다리를 건너 분평동으로 가고
분평동 사람들은 이 다리를 건너 용암동으로 간다
이 다리를 건너야 할 아무 까닭이 없는 사람들도
바퀴를 달고 휙휙 지나간다.
까닭이 아주 없는 것은 아니겠지만,
용평교가 놓이기 전에는
용암동 분평동 사람들은
수영교나 방서교로 돌아갔었다.
세월은 돌아가는 것을 참지 못한다.
사람과 사람 사이를 돌고 돌아
다시 용평교에 가서
내 몸이 용평교와 하나 되면
다리를 건너선 돌아오지 않는
아니, 돌아오지 못하는 바퀴의 길이 보이고

무심히 흘러갈 줄만 아는 물길이 보이고
은하 저편
몇 억 광년의 어둠을 뚫고 갈
마음의 길도 보인다.

* 졸저 「어디에서 핀 들 꽃이 아니랴」에 실린 시로 몇 군데 수정하여 다시 실었다. 수정한 곳 – '계절의 한 철을 이곳에서 보낸다.' 를 '하루의 일과를 여기에서 시작한다.' 로, '몇 억 광년 전에 출발한 별빛의 길도 보인다.' 를 '은하 저편 몇 억 광년의 어둠을 뚫고 갈 마음의 길도 보인다.' 로 수정함.

무심천의 노래 * 14
– 꽃다리

꽃다리 아래 흐르는
무심천의 물은
청주의 가락으로 흐른다.
삼천리자전거포처럼
듬직하고 성실한 남자와
꽃다리극장 같은
아담한 여자의
사랑노래
무심천의 물을 따라
청주의 가락으로 흐른다.
기억이 먼 함성을 실어나르면
녹두꽃 가락으로 흐른다.
꽃을 품고 있어서일까
꽃다리를 건넌 사람들은
넓은 하늘의 구름처럼
꽃이 되어 흘러갔다.
봄날의 벚꽃처럼
나비 되어 돌아오고

그리하여

다시

꽃다리에 와서

꽃다리 아래

무심천의 물을 따라

청주의 가락으로 흐른다.

무심천의 노래*15

– 까치내 아우라지

미호천 무심천이 동에서 남에서 그리움으로 달려와
까치내에 와서 머리 맞대고 어우러지니 햇발 튀누나

아우라지 아우라지 아우라지

그리움 강물 속에 묻어두고 사랑의 끈 밧줄 삼아
한몸으로 묶어내니 바람에 흔들리며 설레이누나

아우라지 아우라지 아우라지

물은 깊어 구름 둥둥 떠가고 불현듯 부는 바람에
무량한 마음 물결 위에 두둥실두둥실 춤을 추누나

아우라지 아우라지 아우라지

무심천의 노래＊16

– 무심천의 아침

바람 잠들어
고요한 아침

떨기나무 가지 끝에 맺힌 이슬
밤 사이 시달리던 폭풍우 잊고

크레마* 빛 햇살 받으며
맑은 눈 반짝이고 있다

가만
가만

이슬 안에
고단한 도시가
잠들어 있다

＊ 크레마: 에스프레소 커피를 추출할 때 커피의 지방성분과 수용성 성분이 혼합되면서 만들어지는 고운 황금색 커피 거품.

무심천의 노래 * 17

– 무심천의 사계

아른거리는 사랑빛
봄을 머금고

결결이 초록으로
흐르는 여름

가을엔 하늘을 담고 흐르다

청둥오리 날갯짓으로
겨울을 맞는다.

무심천의 노래 * 18

– 탑을 쌓는 마음

물줄기를 갈라놓는
무심천 자갈밭에
누군가 밤마다 탑을 쌓는다.

탑이 하나씩 늘어날 때마다
무심천의 고요가 한 계단씩 높아진다.

천둥번개 치고 먹구름 몰려오고
큰비 내려 황톳물 거칠게 흘러도

탑을 쌓는 마음 하늘에 닿았을까

강물은 비껴 흐르며 돌탑을 지키고
돌탑은 흐르는 강물 막아서지 않는다.

무심천의 노래 * 19

– 무심천이 좋다

무명천 산을 감고 휘도는 무심천이 나는 좋다.
조심조심 마을 앞을 흐르는 무심천이 나는 좋다.
도란도란 속삭이며 흐르는 무심천이 나는 좋다.
밤낮으로 윤슬 반짝이며 흐르는 무심천이 나는 좋다.
묻지도 따지지도 않고 흐르는 무심천이 나는 좋다.
새들의 꿈을 안고 흐르는 무심천이 나는 좋다.
버들치 밤 지키며 흐르는 무심천이 나는 좋다.
無에 모든 有를 담고 흐르는 무심천이 나는 좋다.
안으로 깊어가며 흐르는 무심천이 나는 좋다.
바람의 껍질 벗으며 흐르는 무심천이 나는 좋다.

무심천의 노래*20
– 고은 사거리에서

사람의 손길이 닿으면
늘 그렇지.

비옥한 땅은 황무지로 변하고
정겹던 고향은 낯선 타향이 되지.

누런 황소가 순한 눈으로
달구지 끌던 하얀 신작로는
디지털시계처럼
어둠 속 빨간 숫자
쉴 새 없이 깜빡거리지.

날마다 생각들
딱딱하게 굳어져
물과 바람의 속삭임
풀벌레 날개 부딪치는 소리 대신
끝없는 욕망의 분열
불안과 공포

저주와 탄식 소리
가득하지.

사람의 손길이 닿으면
늘 그렇지.

무심천의 노래＊21

– 언제 오시렵니까

유채꽃 노란 꽃잎
바람에 흩날릴 때 오시려나요.
눈 내리는 겨울 혼자 떠난 당신
가슴속에 담긴 말
우리 같이 불러요.

휘파람으로

닿을 수 없는 별처럼
멀리서만 바라보게 될 줄 몰랐어요.
머나 먼 그곳에서 꽃이 되어 주세요.
성문城門 활짝 열어젖히고
우리 같이 불러요.

휘파람으로

당신의 말 방패연에 실어
흰구름 깊은 곳까지 날릴게요.

하늘 높이 바람에 몸을 눕히세요.
천 개의 날개를 펴고
우리 같이 불러요.

휘파람으로

유채꽃 노란 꽃잎
바람에 흩날리면
당신 기척인 줄 알겠어요.
자유, 평등, 정의, 사랑
우리 같이 불러요.

휘파람으로

* 이원량은 중국 우한시에서 최초로 코로나 바이스러스균을 발견한 의사이다. 그를 추모하는 마음으로 연가형식을 빌어 썼다. 시의 내용은 그의 유서를 따랐다. 그는 동료들에게 바이러스 이야기를 했다가 공안에 끌려가 하룻밤 꼬박 취조를 받고 바이러스 발병 사실을 부인하는 자술서를 쓰고 나와서 며칠 후에 죽었다. 그의 유서에는 이런 말들이 적혀 있었다. "정의는 마음속에 있다." "누구도 몰랐습니다. 거대한 비극에 곧 성문이 닫히리라고는." "내 묘비명은 이 한 마디로 충분합니다. 他爲蒼生說過話 그는 세상의 모든 이를 위하여 말을 했습니다."

무심천의 노래＊22

– 코로나 벚꽃놀이

우리들의 파랑새 누가 앗아갔을까?

사 – 회 – 적 – 거 – 리 – 지 – 켜 – 요.

벌이 윙윙대는 꽃가지 아래, 전봇대처럼 또박또박 늘어선 감시의 눈초리들,

사람은 사람 가까이 가면 안 돼, 벚꽃 가까이 가도 안 돼, 집에서 나오지 마, 가지도 오지도 마, 모이지 마, 같이 밥 먹지 마, 포옹하지 마, 키스하지 마, 몸이 가까워지면 마음도 가까워져,

흩–어–지–면–살–고–뭉–치–면–죽–는–다.

느릿한 자동차의 긴 행렬, 차창 밖으로 내민 강아지 얼굴들, 고개 돌려 사령관을 바라보는 병사들인 양 일제히 벚꽃을 본다. 샘, 벚꽃이 활짝 피었어 실컷 보렴. 햇살 다숩고 하늘 푸른 봄날, 우리의 강아지 엄마 품에 안겨 무심천

벚꽃구경 한번 잘 했것다,

살다보니 이런 날도 있구나!

사람은 사람 가까이 가면 안 되는, 사람은 벚꽃 구경을 할 수 없는, 사람만이 안 되는 코로나 벚꽃놀이.

* 파랑새: 일상의 행복을 상징함.

무심천의 노래＊23
– 무심천 아이

옛날 서원경 남천(南川) 양지바른 마을
홀어머니와 어린 외동아들이 살았다네.
홀어머니에겐 아들이 아들에겐 엄마가
한 줄기 바람이고 든든한 언덕이었네.

엄마는 탁발 온 스님에게 아들을 맡기고
이웃 마을에 가서 온종일 품을 팔았다네.
스님이 마루에 엎드려 까무룩 잠 든 사이
아들은 남천으로 가서 엄마를 불렀다네.

바람이 몰고온 천둥번개 먹구름에 놀라서
아들은 외나무다리에서 발을 헛디뎠다네.
강물은 하얀 이빨 드러내며 솟구쳐 흐르고
잠에서 깨어난 스님은 묵묵히 돌아갔다네.

초발심으로 아들의 극락왕생을 빌기 위해
엄마는 청산 깊이 들어 정좌에 들었다네.
간절함이야 종소리북소리에 실려 퍼지지만

오늘도 남천은 무심히 무심히만 흐른다네.

* 무심천의 유래는 두 종류의 이야기가 있다. 하나는 '무심천 유래비' 에 담긴 이야기이고, 다른 하나는 불교적인 내용을 담은 이야기이다. 후자는 청주=여태동 기자 tdyeo.com 참조하였음. 이 시의 내용은 두 이야기를 혼용한 것임.

무심천의 노래＊24

– 남석교

배신의 상처보다 더 큰 상처가 또 있을까.
나는 영문도 모른 채 숨 막히는 땅 속에 갇혔다.
길이 될 수 없는 곳에 길이 되어준 일밖에 없는데
북망산천이 한 뼘 맨흘뚜껑 아래일 줄이야.
삶이란 버텨내야 살 수 있는 거라고 말들 하지만,
버티는 게 힘들어질 때는 흰옷 입은 사람들이
그리워진다, 정월보름이면 나를 자근자근 밟으며
소원을 빌기도 하고, 달빛 아래 춤을 추며
고향을 달리는 시를 짓기도 했지.
기미년이라든가 어느 해라든가
검은 치마 흰 저고리 앳된 소녀 독립만세 외치다,
칼바람에 쓰러졌다는 소식 바람이 전해 주었을 때
내 몸은 찢어질 듯 부서질 듯 부르르 떨었다.
나는 보았다.
땅속에 나를 가두고도 변하지 않는 인심을
그러나 나는 말을 하지 않으련다.
갇혀 있으니 마음의 눈과 귀 더욱 크게 열렸다.
어떤 이는 눈을 감고 어떤 이는 귀를 막고

또 어떤 이는 고개를 돌리지만
아주 가끔 맨홀뚜껑을 열고
땅속에 묻힌 돌덩이에 지나지 않는
웅크린 나를 보는 이 있어
내가 갇힌 시궁창 같은 이 자리가
외로움을 버텨내는 바람의 자리임을
알겠다.

* 맨홀뚜껑: 사람이 들어가기 위해 뚫어놓은 구멍의 뚜껑. 청주시 육거리 시장을 관통하는 성안길 땅속에 길이 82미터의 남석교가 묻혀 있다. 청주신협 옆쪽 산까치음반(폐업) 바로 앞의 맨홀뚜껑을 열고 들어가면 남석교를 볼 수 있다.

무심천의 노래 * 25
– 몬스터시티

마을은 성형 뒤의 얼굴처럼
괴기한 모습으로 변해 간다.

강철새는 알루미늄 가루를 뿜어대고
악의 꽃이 하늘과 땅 사이 피처럼 번진다.

흉흉한 소문 벌레같이 쏘다니고
시문市門 굳게 닫히고
대성당이 불탄다.

사람들은 저마다
암호처럼 밀실에 갇혀
마개 닫힌 병처럼 입을 다물고
실루엣 같은 일상을 연다.

마을 한복판을 흐르는 시냇물은
몽롱한 환자의 팔뚝에 꽂힌 빨간 수혈관,
천천한 두려움의 속도로 끊어질 듯 흐르다가

빈 마음 잃고 신음하는 마을로 스민다.

세상의 모든 이를 위하여
알 듯 모를 듯 마지막 말을 남기고
먼저 강을 건너간 이가 있었다.

텔레비전 모니터 속에서는
은폐된 문장들이 쏟아져 나오고

누구인가 문 밖에서
연신 나팔을 불어댄다.

* 마지막 연은 『요한묵시록』 8장-11장까지의 나팔 부는 일곱 천사에서 이미지를 차용하였음.

무심천의 노래*26
– 아파트와 개망초

드르륵드르륵
땅의 뼛조각 긁어내는 소리

사람과 연둣빛 산과 푸른 하늘
사이
욕망처럼 부풀어 올라
벽으로 서는 아파트

쫓기고 쫓기다가 길가에 나앉는
아무 일도 없었다는 듯
햇빛의 애무를 받으며
바람과 희롱하면서
노오란 미소로 반기면서
물총새처럼 절벽에 동굴을 뚫고 기도하는
은수자를 찾아가는 순례행렬이거나
혹은, 어둠 가득 채운 우주에
안드로메다 은하로 뜨다가
아침이면 아기처럼 착하게 눈을 뜨는

개망초

무심천의 노래＊27
– 개구리 다리

비가 꾸물꾸물 내리는 어스름 저녁, 방서교와 장평교 사이 낮으막한 콘크리트 다리를 거의 다 건넜다 싶었는데, 반대쪽에서 작은 개구리 한 마리 펄쩍펄쩍 뛰어오다가 나를 보고는 황급히 다리 아래 급류 속으로 뛰어내린다. 첨벙! 하고 물속에 개구리 떨어지는 소리가 어찌 크던지 우당탕퉁탕 사방에서 흘러든 황톳물소리보다 크게 들려온다. 나의 뒷머리가 쭈뼛 서고 온몸에 소름이 끼친다. 괜찮을까? 저 어린 것? 거기가 어디라고 뛰어든단 말이냐, 그런 게 아니었다는 내 사과의 말 한 마디라도 듣든지 말든지 하고 뛰어들어도 뛰어들 일이지 … 괜찮겠지? …너는 똑똑한 개구리이니까! 살아있는 물고기가 강물을 거슬러 오르듯 거센 물살을 헤치고 풀숲으로 나왔을 거야, 정말 살았을까? 물살이 여간 센 게 아니었잖아? 이리 생각해도 불안하고 저리 생각해도 불안하다. 생사를 알아볼 곳이 없으니 더욱 답답하다 … 알 수 없어라 … 내가 무지한 건지 개구리가 무지한 건지. 무심코 걸어온 내가 죄인지, 나를 보고 무조건 물속에 뛰어든 개구리가 어리석은 건지. 아무래도 나는 지상 최대의 업보인 양 언제까지나 무지를 안고 살아야 할까 보다. 그로부터 나는 그 개구리 기리기 위해 그 다리 이름을 개구리다리라 부른다.

* 개구리다리: 무심천 방서교와 장평교 중간쯤에 놓인 야트막한 다리.

무심천의 노래 * 28

– 기억의 뿔

어스름 달밤이었다.
개구리다리* 길가 후미진 곳에서
단말마의 비명이 들려왔다.
박주가리꽃 넝쿨이
갈대를 칭칭 감고 올라
갈대의 목을 조르고 있었다.
돌을 집어 들었다.
박주가리꽃 등짝을 찍었다.
박주가리꽃 서서히 결박을 풀었다.
갈대는 눈물을 흘리며
달그늘 속으로 사라졌다.

아주 먼 옛날에 그랬듯이
나는 박주가리꽃 넝쿨이며 잎이랑 꽃송이를
한데 모아놓고 짓찧어서 풀숲에 버렸다.
한여름 벌겋게 익은 열사흘 달이
서쪽 하늘 가야산 아래로
미끄러지고 있었다.

* 무심천 방서교와 장평교 중간쯤에 놓인 야트막한 콘크리트.

무심천의 노래 * 29

– 처음부터 없었던 사람처럼

발걸음이 무심천에 닿으면
사원寺院 같은 소리에 잠긴다.

청산 밖으로 길을 내는 강물 소리
앞강물 뒷강물 재촉하며 흐르는 소리
사랑에 빠진 피라미 배 뒤집는 소리
뻐꾸기 멀리서 아기 찾는 소리
민달팽이 집을 나서는 소리
갈대 눕는 소리
버들잎 나풀나풀 허공을 나는 소리
눈 맞는 무심천 동안거에 드는 소리
얼음장 밑에서 물끼리 몸 부딪치는 소리

귀 기울여 듣다 보면 무심천 친구들
마치 내가 처음부터 없었던 사람처럼
나를 지운다.

무심천의 노래＊30

–무심천에서 추방당하다

첫눈 내리는 저녁
무심천 청주보 아래 백로 한 마리

물가에 발목까지 발을 담그고 섰다가
지나가는 나를 보고 하늘 멀리 날아간다.

나는 백로가 날아간 쪽을 물끄러미 쳐다본다.

억새 갈대 자갈 모래 비둘기 오리 들쥐 족제비
해 달 별 구름 바람 비 하늘 참새 촉새 황새
까치 서껀 같이 내내 잘 지내다가 왜 하필

나를 보고서야 날아가는 것일까?
나이기 때문에 날아가는 것일까?
사람인 나를 보고 날아가는 것일까?

생각할수록
나만 홀로 백로보다 멀어져 간다.

무심천의 노래 * 31

– 비 오는 날의 무심천

마주침이란 언제나
뜻밖이거나 첫이다.

머어언 산기슭 하얀 물안개 피어오른다.

살짝 물기 먹은 바람
아이스아메리카노처럼 시원하다.

빗방울은 맨발로 아스팔트 위를 달리고
풀내음 그윽히 코끝을 스친다.

줄지어 소풍가는 유치원생처럼
도랑물은 무심천으로 흘러들고.

무심천엔 물만 있는 게 아니듯
갈대밭엔 갈대만 있는 게 아니다.

메꽃 어린 넝쿨손

등허리 감아 올라도
못 이기는 체 말이 없는
갈대.

갈댓잎에 앉아
영롱한 눈망울로 밖을 내다보는
청개구리와의 첫 마주침.

폭포가 탱크를 앞세운 점령군처럼
함성을 지른다.

첫 어둠의 바다에 놓인
첫 개망초 첫 은하숫길을
설레임으로 건넌다.

무심천의 노래 * 32
– 버들고지를 찾아서

봄까치꽃 앉아서 봄소식 전하는
무심천 뚝방 길 따라,
천마 찾아 떠난 장문석 시인의
고향 마을 '버들고지' 찾아 나섰다.

어린 해 무등 태워 아침을 열고
상수리나무숲 사슴벌레 벗 삼아 노닐다가
밤이면 개여울 소리 듣고 잠드는
고은삼거리.

누가 또 길을 내었을까.
바퀴마다 무서운 속도로 질주하는
고은 사거리.

아무 생각이라도 해 보다
파란 신호등을 건넌다.

미원 가는 길과 상대리 가는 길 사이

팔 벌려 길게 펼쳐진 산자락 가장자리
'버들고지' 이정표 따라
동굴같이 비좁은 길 몸 뒤틀어 들어서니
이내 아래뜸 마을이 나를 반긴다.
나지막이 어깨를 맞댄 빈 집 몇 채
언덕 위의 카페 하나 무심천 굽어보고
봉학막국숫집 빨간 깃발은
연신 허공중에 펄럭인다.

아래뜸 마을 지나자
연둣빛 머리카락 살랑거리는
아름드리 버드나무 두 그루
까맣게 비틀어진 수피 속 체액으로
살 부대끼며 풍요로웠던 삶의 시간들
간절한 소망들
떠나간 사람들 기억 실어 나르는가
코로나같이 요망한 잡것
왼새끼줄로 칭칭 감고

묵연默然히 서 있는
수살나무여!
'버들고지' 수호신이어!
신성한 배꼽이어!

깨끗이 씻겨진 마음으로
탯줄인 양 구부러진 길을 따라 오르니
산자락에 포근히 안긴 위뜸 마을
버들고지.

막 날개를 펴기 시작한 붉은 노을빛 받아
집집마다 불콰하다.

날이 밝으면
종달새 하늘 꼭대기에 올라
무심천 양 끝을 바라보며 매양 지저댔겠다.

몸의 기억을 잊은 듯

마당가에 풍경으로 나앉은 노파
경계심 잃고 꼬리 흔드는 흰둥이
위뜸 마을은 절간보다도 더 고요하다.

놀라워라, 자운영 논둑 아래
장문석 시산문집 '버들고지'
달달한 손길로 우리를 끌고 들어가는
사철 맑은 물이 용솟음쳤을
찬샘,
장방형 빨래터,
그때 그 모습 그대로 남아 있었다.
남아 있었다.

나는 하릴없이
장 시인의 시(詩)만큼이나 찰지고 은근한
목련처럼 해사한
아낙네들의 도화(桃花)빛 이야기
몰래 듣다가

그믐밤 소쩍새 우는 소리 밟으며
수굿한 과수댁 담장 가늠하던
노총각의 두근거림
그려보는 것이다.

무심천의 노래＊33

– 봄의 퍼포먼스

코로나로 우울한 방콕을 하다
우연히 베란다 화분을 보니
연둣빛 애기괭이밥 소복하다
푸른 생명 가득 안고 득의양양 흔연하다.
아주 먼 옛날 고향마을 뒷동산 양지바른 곳
옹기종기 모여 앉은
고만고만한 코흘리개 어린아이들처럼
비릿한 빰 부비고 있었다.
심심한 아이들 뿔뿔이 흩어졌다 모였다
바위 뒤에 숨었다 무덤에서 미끄럼 타다
살금살금 기어가다 쏜살같이 내달린다
아우성치며 산등성이 넘는 진달래꽃 따서
입술이 파랗도록 허기진 배를 채우고
따다다다 총 쏘는 흉내를 내며 뒹굴다가
이마에 송글송글 맺힌 땀 주르르 흘러
얼굴에 까만 땟자국이 마를 즈음
해거름이 오고 도깨비가 무서워
집으로 돌아가곤 했지.

거실 유리창에 비친 텔레비전 화면 가득
눈이 크고 얼굴이 말간 아이들
우주 한가운데 두웅 둥 떠서
별과 별 사이사이를 뛰어다니며
춤을 춘다.

무심천의 노래 * 34
– 물의 행복

위에서 더 위에서 내려왔다고 해서
위로 더 위로 다시 올라갈 일 없으니
이 얼마나 편안하고 행복한 일인가

한 발 더 높이 오르기 위해
이 눈치 저 눈치 볼 일 없으니
이 얼마나 가볍고 행복한 일인가

물이 물을 만나 다투지 아니하고
이내 어우러져 더 큰물로 흘러가니
이 얼마나 뜨겁고 행복한 일인가

낮고 외진 곳으로 흐르고 스미어서
생명의 싹 틔워주고 다시 떠나가니
얼마나 뿌듯하고 행복한 일인가

전부 내어주고도 자랑치 아니하여
사랑하는 일 뿐 미움 받을 일 없으니

이 얼마나 기쁘고 행복한 일인가

무심천의 노래＊35
– 새가덕순댓국집

무심천 꽃다리 건너
무싯날 없이 사시장철 왁자한
경미 엄마 미소 띤 얼굴로 반기는
육거리 먹자골목 순댓국집

뭐 드실래유
밥 말아 드려유 따로 드려유
순대, 오소리감투, 염통, 소창, 머릿고기, 간, 허파, 암뽕
골고루 다 있어유
순대만 드려유 섞어 드려유

인심 좋은 손끝으로
소창에 덤으로 얹어준
순대 몇 덩어리 담긴 순댓국에
듬성듬성 썰어놓은 대파 나우 넣고
빨간 다대기 한 술 매콤하게 풀어
칼칼한 술적심으로 입안을 달래고
새우젓 듬뿍 얹어 깍두기 우적우적 씹으며

소주 한 잔 크아~ 얼큰히 속을 달래다 보면

주름진 얼굴 굉이진 손마디 뽀글한 머리카락
고향의 얼굴과 희끗희끗 겹치는데요

세상의 잣대로는 별 볼 일 없는 늙은이지만
스스로는 흙과 함께 가난을 품은 넉넉한 가슴
흙 범벅 땀범벅 건조실에서 나오는
우리 동네
김 씨 아저씨, 최냥 댁 아주머니

고향이 따로 있나 정 들면 고향이지

잘나지도 못나지도 않은
덤처럼 오가는 정담情談
언제나 즐거운 잔칫집
육거리 순댓국집

무심천의 노래*36
– 흰젖제비꽃

느티나무 밑둥 가장자리
작고 귀여운 꽃 한송이
라파*로 가는 길에서 보았네.
눈을 씻고 다시 한 번 바라보니
흰젖제비꽃 골똘히 혼자서
천국의 얼굴로 피어 있었네.

* 라파: 무심천 용평교 서쪽 원마루 시장 입구에 위치한 카페 이름이다. 라파는 치유와 회복을 뜻하는희랍어로, '생애 두 번째 학교' 회원들이 아지트로 삼고 있는 장소이다. 이 학교에서는 영원한 진리는 변화뿐이라는 교훈 아래, 나를 빛으로 변화시키기까지의 과정을 공부한다.

무심천의 노래 * 37

– 달개비꽃

잊힐 만하면 길섶에 앉아 얼굴 내미는 너는
어느 낯선 거리에서 손을 놓아버린 그녀일지도 몰라.
한 사흘 아팠다가 나온 소녀 같은 얼굴이었다가
파란망토를 걸치고 투명한 턱받이를 한
저 창연한 고궁의 얼굴이었다가
하얀 대리석 기둥 아래 숨겨놓은 노란 꽃밭엔 신神이 살고
있는 듯,
오랜 세월 바다의 숨결로 빚어낸 얼굴이 아닐까 하는
생각도 하는데
불현듯 낮고 외진 곳에서 또 다시 발길을 붙잡는
너
너를 보아야 세상이 보인다는 듯
환한 꿈으로 해맑게 피어 있구나.

무심천의 노래*38

– 저 꽃

이른 봄 낮고 외진 곳에 피는 작은 꽃
기쁜 소식 전한다 해서 봄까치꽃이라 하고
열매의 생김새를 보고 큰개불알꽃이라 한다마는
작은 꽃, 기쁜 소식, 봄까치꽃, 큰개불알꽃, 전설들
저 꽃에 사람이 붙인 의미 다 지우고 나서야
저 꽃과 친구가 되는 게 아닐까?
뿌리 끝에 가느다란 입술을 달고
온 힘을 다해 물을 빨아올리며
바람에게 실려 오는 나비를 반기는
꽃의 마음 알게 되는 것이 아닐까?
어쩌면 대지는 저 작은 꽃 하나를
지상의 빛 가운데로 밀어올리기 위해
진통하는 산모가 새 생명을 기다리듯
이슬이 비치기를 기다렸을 것이며
살갗이 찢기는 아픔도 견뎌낼 수 있었을 테지.
꽃놀이에 취한 사람을 경계하기 위하여
저 꽃은 봄빛의 밝음을 조심하라고
꽃샘바람이 부는 봄에 피어났는지도 모르지.

무심천의노래 * 39

– 여뀌꽃

자갈밭이거나 물가에서나
여뀌꽃이 한창이다
작고 귀여운 분홍빛 꽃타래
한 사내 위험하게 다가서도 꿈쩍 않는다.
제 안에 무엇을 품고 있기에
저리도 평안한 것일까?
작은 꽃송이 하나하나 우주를 품고
꽃을 피워내는 마음 텅 비어 있어
꽃이 피는 순간에 영원을 담은
분홍빛 꽃타래
작은 꽃송이
여뀌꽃.

무심천의 노래 * 40
– 상대리 코스모스

그리운 얼굴이 그리웁거든
하늘이 맑게 열리는 시월에

노동교에서 인차교까지
첫 마음으로 활짝 핀
코스모스 꽃길로 오라.

해쓱히 야위어
가녀린 허리 고운 손가락으로
사리사리 흔드는 꽃을 보아라.

그 순정한 꽃을 따서
옥양목 흰저고리에 찍어도 보고
바람개비 만들어 날려도 보아라.

사랑인 줄 모르게 왔다가
이별의 말도 없이 떠나간,

바람이 꽃을 흔들 듯
나의 밤을 흔드는
바람 같은.

그리운 얼굴이 그리웁거든
하늘이 맑게 열리는 시월에

상대리 코스모스 꽃길로 오라.

무심천의 노래 * 41
– 억새

새야 새야 하얀 새야
천만 개 날개 달고
솟대 위에 앉은 새야
어디인가 어디인가
서방정토 어디인가
넋이야 넋이로세
훠이훠이 훠이훠이

새야 새야 하얀 새야
천만 개 날개 달고
솟대 위에 앉은 새야
억만 겁 쌓인 업장
바람으로 씻어내고
넋이야 넋이로세
훠이훠이 훠이훠이

새야 새야 하얀 새야
천만 개 날개 달고

솟대 위에 앉은 새야
서방정토 네 가는 길
무심수無心水로 닦았으니
넋이야 넋이로세
휘이휘이 휘이휘이

무심천의 노래 * 42
– 단풍정신

무엇이 되기를 그만두었을 때,
나뭇잎은 울음처럼 붉어지기 시작했다.

햇빛이 핼쭉하게 엷어질 무렵이었을 것이다.
나뭇잎은 스스로 깊은 곳에 닿아 있었다.

젊은 날의 분망함, 성애의 아늑함, 앞에서만
아른대던 희망, 희망 뒤의 절망, 절망 뒤의 회한
자아에의 간절함 그리고 열망과 격정.

그 모두였던 초록을 남김없이 쏟아내었을 때,
나뭇잎은 강물을 만나는 순간의 눈雪처럼 자유로웠다.

어디서 왔는지 찬바람이 불어와 강물을 재우고,
나뭇잎은 마지막 남은 숨을 털썩, 내려놓았다.

무심천의 노래 * 43

– 霜降 지나서

서리 맞은 가을 단풍
문 밖에서 붉다.

흐르는 시간 청홍실로 동여매고
그냥 확 저질러 버릴까
불순한 추억.

님은 날더러
달아나는 마음
꼭 붙잡아 두라시는데,

허공엔 흰구름 흩어지고
노을은 혼자서 제 몸 태우네.

무심천의 노래*44
– 꽃이 아름다운 까닭

빛깔과 향기
흉내낼 수 없기에.
때맞춰 벙글 줄 알고
때맞춰 시들 줄 알기에

처음부터
눈 멀고 귀 먹어

너처럼
나를 환히 밝히기에

무심천의 노래 * 45

– 꽃이 좋아하는 것들

사람은 꽃을 좋아 하지만,
꽃은 햇살을 좋아 합니다.
사람은 꽃의 빛깔과 향기를 좋아 하지만,
꽃은 나비의 날갯짓에 이는 바람을 좋아 합니다.
사람은 크고 화려한 꽃을 좋아 하지만,
꽃은 자신을 닮은 꽃을 좋아 합니다.
사람은 꽃을 꽃병에 꼽기를 좋아 하지만,
꽃은 꽃병에 꽂힌 꽃을 보고 슬퍼합니다.
사람은 사랑하는 사람에게 꽃을 건네지만,
꽃은 사랑하는 이에게 꽃이 되어 줍니다.

무심천의 노래 * 46

– 웃는 무심천(유해원 수필가에게)

무심천 뚝방 옆에 아기가 살고 있습니다.
아기처럼 말을 배우기 시작하는 어른아기입니다.

바꿀 수 있는 나 자신에 주목하라. 독서 모임 리더로부터 들은 말입니다. 순간 머리에 번개가 쳤습니다. 잃어버린 반쪽을 온전히 포기하면서, 그의 삶에 비로소 변화(變化)가 왔습니다.

남은 반쪽으로 다시 출발하는 걸음 하나하나가 얼마나 새롭던지요. 아, 우, 음 발음을 하다 아마마, 아바바 하고 옹알이를 하다 엄마, 아빠 소리를 처음으로 냈을 때는 하늘이 열리는 줄 알았어요. 한쪽 손으로 밥을 먹고, 한쪽 다리로 걷고, 한쪽 발바닥으로 운전하며, 다시 만들어 가는 세상 하루하루의 삶이 뿌듯합니다. 반쪽은 포기했지만, 저는 아직도 가진 것이 많습니다.

그의 말을 듣고 있노라면 가슴이 벅차오릅니다.

반쪽에, 집착을 버리지 못해 반생애를 흘려버렸다는 그. 반쪽을 포기하기까지 안타까이 안타까이 하늘을 원망했을 그. 포기하니까 변화가 오고, 변화하는 자신을 보면서, 포기만이 희망이었음을 알았다는 그.

나도 몰랐습니다.
무심천이 아기처럼 해맑은 웃음 짓는 까닭을.

* 긍정적 포기: 바꿀 수 없는 것과 바꿀 수 있는 것을 구분하고, 바꿀 수 없는 것은 포기하고 바꿀 수 있는 부분을 적극 활용하라는 자기수용의 태도. 이는 아들러의 개인 심리학에서 차용한 용어임. 이 작품속의 주인공은 뇌병변으로 쓰러져 20년 동안 잃어버린 반쪽을 생각하며, 시간만 허비하며 살다가 치유커뮤니티에 나와 자기수용에 대한 공부를 한 다음, 남아 있는 반쪽을 개발하기 시작하여 새로운 인생을 살고 있다.

무심천의 노래 * 47
– 라파의 약속

모든 날들을 기억할 순 없지만
라파의 약속 잊지 않으리.

바빌론 강가에 앉아서
우리는 울었어요, 시온을 생각하며
보니의 노래가 커튼처럼 열리자
생애 두 번째 학교 일곱 형제자매
최후의 만찬장에 무심천의 초목처럼
나지막한 마음으로 앉아 있었어요.

음전한 여인이 촛불을 켜고
메시아를 기다리는 노래가
잔잔히 흘러 퍼질 때
우리는
거룩한 포도주에
빵을 찍어 먹었죠.

포도가 포도즙이 되고

포도즙이 포도주가 되고
포도주가 성체가 되듯

한 단계
한 단계
나아가 보자고
아무도 말은 하지 않았지만
우리는
조용히 다짐했어요.

라파의 약속 잊지 않으리.
라파의 약속 잊지 않으리.

* Boney M의 노래 「River of Babylon」: 히브리인이 나라를 잃고 바빌로니아에 포로로 끌려가 바빌론 강가에서 예루살렘을 그리워 하며 부르는 노래. 1970년대 독일 보니앰이 부른 디스코 음악. 히브리 민족의 처절함과 간절함에 대한 이해. 시편 138장이 모티프가 됨.

무심천의 노래 * 48

– 천 년의 책장(OOO 수필가에게)

그녀를 생각하면
채석강 바위절벽이 생각난다.

달빛에 베이지 않고
파도에 부서지지 않고
바람에 무너지지 않고
천 년을 속살로 견디며
땅과 바다의 경계에 홀로 선
채석강 층암절벽이 생각난다.

그녀를 생각하면
한 권 두 권 차곡차곡 쌓아올렸을
천 년의 책장이 생각난다.

사랑의 쓸쓸함
죽음보다 깊은 연민, 용서
절망에서 피어난 희망의 꽃
그리움은 해조음으로 켜켜이 젖고

무의식의 절벽으로 우뚝 솟아오른
한 생애의 단층이 생각난다.

그녀를 생각하면
하늘과 바다의 경계 너머에서
천 겁을 왔다 천 겁을 가는 파도
두 팔 벌려 품어 안는
채석강이 생각난다.

무심천의 노래*49

– 염소와 함께 춤을(권명희 수필가에게)

갈대 혼자서 강가에 앉아 있습니다.
웅크린 몸이 물비늘에 부서집니다.
바삭한 갈대의 어깨가 흔들립니다.
온 우주가 흔들립니다.
물버들이 어깨를 내어주며 말을 건넵니다.
괜찮아, 울고 싶으면 울어
내가 곁에서 지켜줄게
갈대는 슬몃 물버들 어깨에 몸을 기댑니다.
햇빛이 달려와 포근히 안아 줍니다.
바람은 토닥이다 어루만져 줍니다.
물가의 두루미 가만히 바라봅니다.
갈대는 눈물로 강물의 영혼을 씻어줍니다.
불현듯 수달이 목동 칼디*처럼 나타나
카파의 커피를 던져주고 갑니다.
봄까치꽃, 노란민들레, 흰젖제비꽃
앉아서 봄맞이를 하다
염소와 함께 춤을 춥니다.
온갖 초목 온갖 물고기

우주의 심연에서 떠돌고 떠돌다가

바람도 함께 어우러져 춤을 춥니다.

* 칼디의 전설: 커피의 원산지 에디오피아 카파에 사는 목동 칼디가 이상한 열매(커피)를 발견하고 염소에게 주었더니 염소가 그 열매를 먹고 밤새 춤을 추었다는 이야기.

무심천의 노래 * 50

– 봄날의 초대(최월성 시인에게)

노랑나비 할랑할랑 춤추는 마늘밭을 지나
『제비꽃 마을』이라 문패를 단 문우의 집
쪽대문을 열고 들어섰것다, 우와
고양이 강아지 부끄럼 모르고 수작을 거는
바람 자고 햇빛 가득 고인 안마당
한가운데
맛깔스런 상차림.

깻고물쑥송편
말랑말랑 쑥절편
매화차에 쑥부침개
엷은 산미酸味의 탄자니아 AAA 커피
난들거리는 묵사발
막걸리 한 잔

처마 밑을 점령한 참새들
재재재재 재재재재 귀청 따가운
화음을 배경으로

흥 넘치는 김 시인 목청을 돋우었다.

저 멀리 바다에는
아낙네들이 조개를 줍고
우리 마을 큰애기
동백을 따네.

노래의 여운에 실려
집으로 와서
살아오거나 살아가면서
무너지거나
무너졌을
마음도

다 편안하다.

* 4연은 단가 동백타령의 한 부분.

무심천의 노래＊51

– 감나무여인(이성숙 수필가에게)

만날 때나
헤어질 때나

보랏빛 들국이고
포근한 흙가슴이다.

마음속 고갱이는
금강석처럼 단단하고 반짝거리지만
슬픈 이야기를 들으면
금세
붉은 눈으로 소리를 감춘다.

감나무를 좋아한다는 그녀
감나무를 닮아 내어주기를 좋아한다.

햇순은 초의선사에게
꽃목걸이는 아이들에게
이파리는 손맛 좋은 할머니에게

단감은 착한 손을 가진 삼촌에게
가지 끝에 남겨둔 인심은 까치에게
모두 나누어주고 나서

초가 담장 곁이나 모서리에
배경으로 서 있다.

무심천의 노래*52

– 어떤 하루(김종대 전 국회의원에게)

육거리 종합시장 입구, 연단에 올라서자 호기롭게
OO당 기호 O번 OOO후보 열성지지자 권또깡이올시다.

여기까지는 좋았는데 갑자기 머릿속이 하얘졌다.
내내 버벅거리다가 두 문장을 간신히 토하고 내려왔다.

여러분, 투표장에 가실 때 가슴 하나만 가지고 가시기를
간곡히 부탁드립니다.
여러분, 투표장에 가실 때 간절함 하나만 가지고 가시기를
간곡히 부탁드립니다.

타박타박걷는다봄비가내린다코로나봄비는가늘기도하지
보이다말다들리다말다청국장맛이소태처럼쓰다단골카페
의커피가더깊은우울로끌고간다이발소에들러세월을앞지
르는흰머리카락하며잡념처럼어지러운머리카락을싹둑싹
둑자른다잿빛머리카락낙엽처럼뿔뿔이흩어진다.

거울에 비친 얼굴에

하루의 감정이 듬뿍 배어 있다.

미안하다 미안하다 미안하다
미안하다 미안하다 미안하다

오늘 하루 수고했다.
가여운 얼굴.

무심천의 노래＊53
– 가을나무에게서

해마다 단풍철이 오면
가을나무로부터
신神의 한 수를
배운다.

너도 외롭구나
외로우면 외롭다고
소리쳐봐
두 팔 벌리고
나처럼
우수수
우우우우

시선을
한 계단 아래에 두는 것이
두 계단 위에 두는 것보다
소중하다네
낮게 더 낮게 멀리 뿌려 봐

나처럼
우수수
우우우우

외로움이란
뿌린 만큼 거두는 걸세
쩨쩨하게 굴지 말고
푸짐하게 뿌려봐
나처럼
우수수
우우우우

무심천의 노래＊54
– 겨울나무에게 묻다

지금은
결박(結縛)의 시간

강물이 얼어붙고
바닷물이 얼어붙고
하늘이 얼어붙고
대지도 얼어붙었다.

겨울나무 혼자서
눈밭 한가운데 서 있다.

무심천을 건넌 한 노옹老翁이
겨울나무에게 가서 물었다.

맨몸으로 버티는 까닭이 무엇입니까?

그냥 버티는 것 같지만,
버티는 게 힘이 듭니다.

수액이 얼지 않도록 몸을 움직여 체온을
유지해야 합니다. 지체가 꺾이지 않도록
바람의 속도와 방향을 가늠해야 합니다.

참고 견딘다는 건
보이지 않는 곳에서
끊임없이 움직이는 것입니다.

무심천의 노래 * 55
– 인생

행복은 한낮의 그림자처럼 짧고,
불행은 황혼의 그림자처럼 길다.

슬픔은 쫓기는 소리처럼 애처롭고,
기쁨은 스치는 향기처럼 그윽하다.

분노는 독나무 열매처럼 위태롭고,
인내는 단단한 씨앗처럼 폭발한다.

머언먼 인생길 고해처럼 험하여도,
바람은 혼자서 나비처럼 건너간다.

무심천의 노래 * 56
– 알겠네

누군가 그러더군
나이 일흔다섯이 되면
얼굴이 죽음 쪽에 가까워진다고

그 나이가 되고 보니 내 몸
하나 둘 차례차례 무너지면서
온갖 병과 같이 살아야 한다는 거
알겠네.

달팽이처럼
약봉지를 짊어지고 살아가지만,
외로움에 외로움이 더해져 갈 뿐
외로움을 처방하는 약은 없어.
노년으로 산다는 건
달의 뒷면처럼 어둡고 차가워서
통절痛切히 아프다는 거
알겠네.

눈이 침침해도
귀가 먹먹해도
정신은 맑아서
세상 이치 훤히 보이고
세상 소리 다 들리는 까닭
알겠네.

보아도 못 본 척
들어도 못 들은 척
참고 견뎌내야 하는 까닭
알겠네.

시도 때도 없이 찔끔거리는 거
내 몸이 죽음의 처소處所라는 거
알겠네.

그거 하나하나 모두 다
자연이 부르는 거라는 거

알겠네.

무심천의 노래 * 57
– 모닝커피

따스한 햇살
고소한 커피
아침을 연다

가벼운 향미香味를 즐기는 아내
묵직한 후미後味를 즐기는 남편

눈빛으로 마시는
모닝커피

악마같이 검으나 천사같이 순수하고
지옥같이 뜨거우나 키스처럼 달콤하다*

오래 있어도 편안한
조붓한 식탁
마주앉은

* 프랑스 작가 달테랑의 커피 예찬 차용.

무심천의 노래 * 58

– 비망록

새해가 밝았다
또 한 해가 죽었다.

생각해 보니,

좋아하는 일을 할 때는
새가 지저귀고
나비가 날고
머릿속부터 발끝까지
꽃으로 가득 차 있었다.

싫어하는 일을 할 때는
까마귀가 울고
발목이 쇳덩이처럼 무거워
진흙탕 속에서
허우적거렸다.

한 해가 다 가고

다시 새해가 오면

어떤 비망록을 쓰게 될지.

무심천 연가*59
– 꿈

나였던 그 아이*
그 소년
그 청년
누군가의 꿈
누군가의 아버지
누군가의 무엇
나였던 그들의 꿈은
그들의 앞에만 있었지.
달려오는
달려가는
나였던 그들은
모두
다
그들의 앞에만 있었지,
알 수 없어라
꿈은 어찌하여
바로 내 앞에서만
끌고 가는 것일까?

* 나였던 그 아이: 파블루 네루다: 「질문의 책」 44번 시 첫 행 차용

무심천 연가＊60

– 학성산鶴城山

별똥 떨어지는 곳, 무서운 곳. 비를 좋아하는 소년은 장맛비에 홀린 듯 학성산을 넘고 있었다. 잡목림을 빠져나가자 비안개에 싸인 소나무 기둥줄기 서리서리 용솟음치며 승천하고 있었다. 온 산을 완벽하게 장악한 안개를 헤치고 걷다가, 작은 암자 뒤꼍 옹달샘 앞에 우뚝 서고 말았다. 낮달 같은 여승女僧이 목욕을 하고 있었다. 돌연한 마주침으로 학성산이 조용해졌다. 도깨비불도 꺼지고, 난장이 피리소리도 들리지 아니하고, 별들의 운행도 멈추었다.

여승은 돌처럼 선 소년을 보고는 안쪽을 향해 신호를 보냈다. 앳된 동자승이 장삼長衫을 가지고 나왔다. 여승은 천천히 물속에서 나와 천천히 장삼을 걸치고 천천히 안으로 들어갔다. 소년은 동자승의 손짓에 따라 툇마루에 걸터앉았다. 낙숫물이 처마 끝에서 주르륵주르륵 쏟아졌다. 여승이 문을 열고 나왔다. 파르스름한 머리, 발그레한 얼굴, 붉은 입술에서는 산문山門에 들기 전의 사랑이야기가 두루마리처럼 하얗게 펼쳐지고 있었다.

면 곳이 그리운, 꼭꼭 숨고 싶은, 현기증 나도록 달리고 싶은, 허공을 날고 싶은, 소리치고 싶은, 이리저리 쏘다니고 싶은 사춘기의 바람들이 안타까워 이름 없이 떠돌던 신神이 우연이란 이름으로 소년에게 보여준 한 장면이 아닌가 싶다.

* 학성산: 충남 아산시 선장면과 신창면의 경계를 이루는 산. 고향마을인 선장면 죽산리의 동쪽에 위치해 있음.

무심천의 노래*61
– 行人

행색으로 보아
그는 분명히 나였다.

그가 강가 나룻터에 이르렀을 때,
뱃사공이 물었다.

그대는 뭐 하는 사람인가?

시 쓰는 사람입니다.
라고 대답하였다.

영원히 가슴 속에 담아놓을 문장이 있는가?
하고 뱃사공이 다시 물었다.

황혼녘 애매미소리로 울고 있는 어린 새입니다.

라고 대답하려고 하다가
끝내 입을 다물고 말았다.

뱃사공이 나를 꼬나보았다.

나는 무릎 꿇고 울기 시작하여
어깨를 들썩이고 땅을 치며 울다가
엎어지다 제쳐지다 두 날개를 파닥거리며
땅이 꺼질 듯 울었다.

무심천의노래 * 62
– 슬픔이 엷어질 것 같아

1

연분홍 꽃바람
산등성 타고 흐르면
그리움으로 서성이지

너의 삐삐 서랍 속에 잠들었구나
너의 삐삐 서랍 속에 잠들었구나

사랑한다 사랑한다 사랑한다

2

오고가는 사람들
두 눈에 어려 오면
그리움으로 서성이지

보고픈 얼굴이야 묻어둬야지

보고픈 얼굴이야 묻어둬야지

사랑한다 사랑한다 사랑한다

3

흩날리는 빗방울
창가에 스쳐 흐르면
그리움으로 서성이지

너의 체온 홍역처럼 남아 있으니
너의 체온 홍역처럼 남아 있으니

사랑한다 사랑한다 사랑한다

4

꽃 피고 눈 내리고

낙엽 지고 바람 불어도
그리움으로 서성이지

슬픔이 엷어질 것 같아
슬픔이 엷어질 것 같아

사랑한다 사랑한다 사랑한다

무심천의 노래＊63

– 회광반조回光返照

꺼지는 순간 화르륵 불꽃을 피우는 촛불.
최후의 피 쏟아내기 직전의 붉나무 잎새.
피울음으로 울어대는 두견새 목 메인 가락.
붉은 노을을 배경으로 선 나그네 그림자.

강 건너 언덕을 바라보는 형형한 눈빛.

＊ 회광반조: 촛불이 타서 꺼지기 직전 마지막으로 한 번 확 타오르듯, 태양이 지기 직전 화려한 색깔을 내뿜듯, 사람이 죽기 직전 얼굴에 화색이 돌면서 정신이 맑아진다는 의미의 사자성어.

무심천의 노래 * 64

– 화양연화花樣年華*

첫눈이 내린다.
창밖에 눈이 하얗게 쌓인다.
무심천은 하얀 홑이불로 펼쳐지고
우암산은 한 덩어리 쑥버무리가 된다.

소년 소녀
뽀드득뽀드득 천변 길 숫눈* 함께 밟는다.

베토벤이 흐르는 강변 59알 카페*

노란 주전자에 물이 끓는다.
머리가 희끗희끗한 소년소녀
노변에 앉아 촛불이 꺼지도록
쓰다가 만 편지 다시 꺼내 읽는다.

돌풍은 불현듯 창문을 흔들다 멈추고,
눈발도 퍼붓다 말다 긴 이야기
커피 향으로 번진다.

눈은 스스로 하얘져서
한 꺼풀 한 꺼풀 어둠을 벗겨내고,
나였던 소년 그녀였던 소녀
머리 위에도 하얗게 쌓인다.

한 송이 눈꽃으로 떨어지는
그 순간
다시 펼쳐보고 싶은
지우지 못하는
지워서도 안 되는
내 인생의
화양연화花樣年華.

* 숫눈: 아무도 밟지 않은 순수한 눈(雪). 숫은 순수의 뜻을 지닌 접두어.
* 59알 카페: 무심천변의 카페 이름. 59알은 베토벤이 즐겨 마셨다는 한 컵 커피의 양.
* 화양연화: 인생에서 가장 꽃과 같이 아름답고 행복한 시간.

무심천의 노래 * 65
– 단 한 벌의 옷을 입고

무심천은 언제나
단 한 벌의 옷을 입고
오체투지로 간다.
꽃잎과 낙엽 지상에 뒹굴 때에도
눈과 비 강물에 투항할 때에도
아무 일 없었다는 듯
단 한 벌 시간의 옷을 입고
오체투지로 간다.
나무나 사람이나 짐승이나
숨 쉬는 것들의 평안을 위해
열사의 나라 협곡의 나라
억압과 오욕의 땅
자유를 위해,
영혼의 도시 라싸로 향하는
순례자처럼
물 밑 땅 바닥에
배를 대고
이마를 대고

손은 귀 위로 올렸다가
빛의 시간이나 어둠의 시간이나
그 둘 사이의 시간이거나
오체투지로 간다.
한 번 죽은 자는 다시 죽지 않는다며
단 한 벌 시간의 옷을 입고
무지의 잠에서 깨어나
죽는 법을 알리기 위해
산 자의 마을로 간다.
오체투지로 간다.
무심천은
단 한 벌의 옷을 입고
오체투지로 가는 경전이다.

무심천의 노래 * 66
— 때

빨래가 마르는 때,
씨앗을 뿌려야 할 때,
나무가 꽃을 버려야 할 때,
어부가 그물을 거두고 돌아오는 저녁,
한 발 더 앞으로 내디뎌야 할 때,
내 것이 아닌 것을 버려야 할 때,
어릿광대의 공연이 끝나는 때,
걸어온 모든 기록의 앞에 설 때,

한 스님이 제자 스님과 함께 만행을 떠났다. 한참을 가다가 개울을 만났다. 한 아낙이 개울을 건너지 못해 안절부절 못하였다. 스님이 아낙을 덥석 등에 업고 개울을 건너자 내려놓았다. 한참을 걷는데 제자 스님이 따지듯 물었다. "스승님은 여자를 가까이 하지 말라고 늘 가르쳤잖아요? 그런데 스승님은 왜 아낙을 업고 개울을 건너신 거예요?" 스승 스님이 껄껄 웃으며 대답했다. "너는 아직도 아낙을 내려놓지 못하였느냐? 나는 개울을 건너자마자 곧 내려놓았느니라."

무심천의 노래 * 67
– 제발 내 말 좀 들어주세요

손님 제 아들이 죽었어요. 사람은 다 죽게 마련이지요. 저어 손님 제 아들이 죽었어요. 시간 없어 이 늙은이야, 빨리 달리란 말야.

(숙소에 돌아오니 젊은 마부는 이미 잠들었다. 마굿간으로 가서 말에게 아들이 병에 걸린 원인, 고통을 당한 상태, 죽기 전에 한 말, 죽을 때의 모습, 장례식의 광경을 쏟아낸다.)

그런데 갑자기 그 망아지가 어딘가 먼 곳으로 가버렸어. 그래도 너는 슬프지 않겠니?

(말은 먹이를 씹으면서, 고개를 주억거리고 귀를 기울이는가 하면, 주인의 손에 입김을 불기도 했다.)

* 안톤 체홉의 소설 「비탄」의 주인공 늙은 마부 요나·포타포프와 손님들과의 대화내용을 재구성한 것임.

무심천의 노래 * 68
– 상처는 상처끼리

사람은 저마다 상처를 안고 산다

덜 아픈 사람과 더 아픈 사람이 있을 뿐
아프지 않은 사람은 없다

꽃이 펴도 그만 꽃이 져도 그만
봄이 와도 그만 봄이 가도 그만
죽었는지 살았는지
까맣게 잊는 세상

모두가 상처 때문이다

산다는 것은 서로의 상처를 알아가는 것이다

덜 아픈 사람이 더 아픈 사람을 토닥여주고
더 아픈 사람이 덜 아픈 사람을 토닥여주고

안부를 묻고

껴안아 주고

용서하고

사랑할

때

삶은 한 계단씩 가벼워진다

무심천 연가*69
– 겨

무심천 사람들의 말은
느릿느릿 흘러가다 끝에 가선 겨로 끝내는데
그 말투가 예사롭지 않다.
할겨말겨가 아니라
할겨 말겨이다.
할겨와 말겨 사이에 쉬는 공간을 두어
듣는 사람이 할지 말지 판단할 시간을 준다.
듣는 사람이 말하는 사람이 되어서는
말겨라고 대답하지 않는다.
반드시 할겨라고 대답하여
아름다운 청자聽者가 된다.
갈겨 먹을겨 줄겨 마실겨 기다릴겨
그리하여 마침내는
말을 건 사람의 문장을 완성시킨다.

무심천의 노래 * 70
– 귀를 세워 듣는 순간부터

듣는다는 것은 공명통처럼
텅 빈 마음으로 듣는 것입니다.

마음 깊은 곳으로 연결할 때
세상은 따뜻해지기 시작합니다.

자신을 내맡기고 듣는 것만으로도
독버섯처럼 자라던 상처가 녹아내립니다.

귀를 세워 듣는 순간부터
사랑이 싹 트기 시작합니다.

듣는 것만으로
영원한 자유를 얻습니다.

무심천의 노래 * 71

– 빼앗긴 영혼을 위하여

이유도 없이 두들겨 맞아본 사람은 안다,
아픔이 뼛속에서 파도로 치댄다는 것을.
힘이 없다고 채찍을 맞아본 사람은 안다,
심장에 시퍼런 멍이 옹이로 박혀 있음을.
거절하지 못해서 빼앗겨 본 사람은 안다,
혼자서 허공 저 멀리 돌팔매질하는 까닭을.
앞에서 가로채간 사람은 까맣게 잊었지만,
눈앞에서 내 것을 빼앗겨 본 사람은 안다.
황혼에 서 있어도 그 아픔 씻을 수 없다는 걸.
뒤처진다 해서 발길질 당해 본 사람은 안다,
한 발짝 한 발짝 눈물로 내딛는다는 것을.
너의 상처는 뭉게구름처럼 피고 질 테지만,
나의 상처는 꿈의 기억처럼 불거져 나온다.
영혼을 팔지 않는다고 찔려본 사람은 안다,
상처가 돌이 되고 진주가 된다는 것을.
모든 영혼은 조건 없이 평등하다는 것을.

무심천의 노래*72

– 상처를 꽃피우다

몸의 상처로 가는 길에 이야기가 있듯이,
마음의 상처로 가는 길에도 이야기가 있어요.

당신은 이야기 끝에서 그 사람 만날 거예요,
그러나 그 사람 이 세상 어디에도 없답니다.

어둠으로 어둠과 싸우려 하지 마세요.
사랑이 아름다운 건 용서하기 때문이예요.

돌덩이같이 굳은 상처 꽃으로 피워내세요.
차라리 도낏날에 묻은 향기가 되어 주세요.

무심천의 노래*73

– 무심천의 노래

삶이란 그냥 가는 것.

마음이 부리는 도술道術에

속지 마세요.

행복이 찾아와도 그냥 살으세요.

불행이 닥쳐와도 그냥 살으세요.

마음으로 시작하면,

마음으로 끝내나니.

삶이란 그냥 가는 것.

마음 비워 무심無心으로 가면,

시작도 끝도 없는 영원에 이르리니,

행복이나 불행이 찾아와도

흐르는 강물처럼,

앞으로만 나아가세요.

무심천의 노래＊74

– 마음 없이 흐르는 물길

無心川은 마음 없이 흐르는 물길이다. 이 당연한 진리를 깨닫기까지 4년여의 시간이 걸렸다. 무심천이 마음 없이 흐른다는 사실을 알았을 때, 나는 부끄럽기 그지 없었다. 물결마다 마음 비우는 줄 알았던 일이 부끄럽고, 마음으로 짚어 온 의미부여가 부끄럽고, 마음으로 다가간 아둔함이 부끄러웠다. 무심천은 언제나 無의 그릇에 모든 有를 담아내었다. 나는 그 有 중의 먼지 하나였다. 손에 잡히지 않는 작은 알갱이로도, 마음을 가지고 태어났구나. 순간순간 마음 챙기며 살아야 할까보다.

[해설]

노래가 된 무심천, 無心川이 된 시

강 찬 모(문학평론가, 문학박사)

1

권희돈은 지금까지 두 권의 시집(『하늘 눈썹』 2002, 푸른사상, 『어디서 핀들 꽃이 아니랴』 2018, 고두미)을 펴냈다. 이번에 펴낸 시집 『무심천의 노래』는 세 번째 시집이다. 전체적으로 보면 20여 년의 시력(詩歷)에서 세 권의 시집을 펴낸 셈이다. 세월과 연륜을 생각한다면 인색한 '과작(寡作)'에 해당한다. 그러나 과작의 원인이 시인의 게으름이 피워낸 나태의 징표가 아니라 세상에 드문 귀함을 얻기 위한 것이었다면 눈을 크게 뜨고 주목해야 한다. 아마도 뒤곁에서 서성이는 소요(逍遙)가 그 원인이었을 텐데 이렇게 하여 윤곽이 생긴 권희돈의 시는 무심천의 물처럼 편편(便便)하게 흐르지만 하나같이 난산 끝에 빛을 본 옥동자이다. 머뭇거리고 배회하는 순간에 계절이 수렴되어 흩어지고 불면으로 뒤척이던 긴 밤이 한 생각을 모았을 것이다.

지용은 "설령 역작이라도 다작일 필요가 없으니 시인이 무슨 까닭으로 마소의 과로나 다산을 본받을 것이냐"라며 다작을 경계했다. 성급한 다작이 조산으로 이어지는 것을 염려한 까닭이다. 그렇다고 과작을 일부러 권장할 성질의 것도 아니다. 어차피 "시는 될 때 되는 것이요 아니 될 때는 좀처럼 아니 되는" 자연스러움의 발로이기 때문이다. 지용이 과작을 언급한 것은 과작의 '태도' 때문이다. 아름답게 한 번 울기 위하여 울지 않는 더 많은 날들의 숙련의 필요성을 지용은 꾀꼬리와 종달새로 예를 든 바 있다. 이렇듯 권희돈 시의 위의(威儀)는 과작이 주는 희소함이 시의 엄격성으로 이어져 작품의 완미(完美)함을 더한다. 다작이 곧 수작일 수 없는 것은 시뿐만이 아니라 세상에 정한 이치일 것이다.

이번 시집의 표제 『무심천의 노래』는 연작인데 특정한 '장소(청주)'와 지리적 대상을 노래했다는 점에서 이-푸 투안이 개념화한 '토포필리아(장소애, topophilia)'의 영토성의 재발견이란 의미를 갖는다. 이렇게 하여 부른 노래는 뼈가 드러난 편애(偏愛)가 되어 연가(戀歌)가 되고 찬가(讚歌)가 된다. 그러나 연가나 찬가가 깊이를 가지려면 대상에 대한 연민과 애증이 착종(錯綜)되어야 한다. 일종의 '하향 정서'인데 이 정서로 인해 도래한 기쁨은 배가되며 가치는 고귀함을 얻는다. 기쁨만이 전유된 노래가 긴 생명

력을 갖지 못하는 것은 당의정(糖衣錠)의 유혹이 건강을 담보하지 못하는 이유와 같다. 짝을 잃은 무심천은 죽음보다 더한 백 년 가까운 통증을 앓고 있다. 무슨 죄를 지었기에 대명천지 아직도 육거리 시장 맨홀뚜껑 밑에 위리안치(圍籬安置)되어 있단 말인가. '남석교(南石橋)' 의 비극의 역사는 곧 무심천의 상처이며 해배(解配)를 막는 추악한 우리의 자화상이다. 이제 남석교는 "내가 갇힌 시궁창 같은 이 자리가/외로움을 버텨내는 바람의 자리임을"(「24-남석교」)알아버린 슬픈 성자가 되었다.

마찰의 순간으로 태어난 소리가 노래가 되기 위해서는 사람들 사이를 지나야 하고 들과 산을 걸어야 하고 마음의 길을 따라가야 하고 영혼의 행로를 건너야 한다. 이처럼 세상에 모든 노래는 소리가 노래가 되기 위한 피정(避靜)과 연단(鍊鍛)의 시간으로 충일되어 발화된 최초의 '발성(發聲)' 이다. 시를 논함에 있어서 노래의 역사를 다시 소환하는 것은 이제 진부하지만 시를 거론하는 한 노래는, 노래를 거론하는 한 시는, 한 개의 실타래 속에 운명으로 묶인 청실과 홍실일 수밖에 없다. 이렇게 하여 비로소 발성된 노래가 오롯이 어떤 대상이나 공간 그리고 인문 지리적 의미를 갖는 장소를 향할 때 그 노래는 일상의 권태를 초월하여 특별한 역사의 외피를 입는다. 그러니까 『무심천의 노래』는 시인 권희돈이 무심천에게 바치는 헌사

(獻詞)요 오마주(hommage)이다.

시가 노래와, 노래가 시와 만나 장소를 읊었던 것이 그 자체로 역사가 된 전례를 우리는 기억한다. 공자의 『시경』도 결국 황하를 끼고 중원 일대를 살았던 사람들의 누대의 삶을 채록한 노래가 아닌가. 산발적 간헐적으로 '무심천'을 노래한 시들은 무심천의 역사만큼 편만하다. 그러나 한 권의 시집으로 무심천의 사계를 담은 것은 『시경』에 준하는 역작으로 문화사적인 측면에서도 지역에 끼치는 영향이 적지 않다. 시로 쓴 청주의 생태학적 삶의 보고서로 인문 지리와 생활사까지를 포괄하고 있어 지역의 대표성을 띤다. 공자는 채록한 시 305편을 '사무사(思無邪)'라고 했다. "생각에 사악함이 없다."는 뜻으로 그만큼 인간의 순수한 본성을 노래했다는 것을 강조한 말이다. 마찬가지로 권희돈의 『무심천의 노래』는 청주를 가로지르는 젖줄인 무심천을 배경으로 삶을 일구어 온 뭇 생명들의 살아 있음의 기록을 노래한 시로 무심천의 『시경』인 셈이다.

2

무심천의 물이

신성(神聖)한 까닭은

오래전부터 흘렀으되
날마다 새롭게 흐르기 때문이다.

시집의 서문에 있는 「시인의 말」이다. 시인의 말은 '서시(序詩)'에 해당하는 시인의 첫 번째 육성이다. 더구나 권희돈처럼 시집이 특정한 장소와 지역을 노래하는 형식이라면 시인의 말은 시의 성격을 규정하는 체온을 갖는다.

'신성'이란 말만큼 신성에 값하는 그 이상의 고전적 위상을 갖는 개념도 흔치 않다. 그렇게 신성의 역사는 나름의 독보적 존숭과 위계를 근간으로 세상과 경계를 이루며 외딴 '소도(蘇塗)'에 이끼처럼 습한 고독의 성(城)을 쌓아왔다. 그러나 권희돈은 신성의 재래적 개념을 깡그리 해체한 후 도도하게 현재화한다. 이렇게 되면 현재와 소통하지 못하는 신성은 박제된 신성으로 세월의 더께 위에 얼룩진 유폐된 흔적일 뿐이다. 엘리엇은 전통을 "현재에 작용하는 큰 힘"이라고 규정한 바 있는데 이를 신성으로 치환해도 신성의 현재성이라는 측면에서 여전히 유효한 의미를 지닌다.

권희돈은 홀로 권태로움에 탐닉했던 신성의 세계를 뒤흔든 죽비이며 "오래전부터 흘렀으되/날마다 새롭게 흘"러야 한다며 이미 기성화된 신성에 하기 힘든 숙제를 안긴 장본인이다. 난경(難境)한 요구와 기대가 교차하지만 무심천은 이에 아랑곳하지 않고 "묻지도 따지지도 않고"(「19-무심천이 좋다」)[1] "그냥"(「73-무심천의 노래」) 흐른다. 무심천처럼 그냥과 어울리는 이름도 없다. 어찌 보면 '그냥' 이라는 부사는 불투명하고 모호하기 그지없는 인간 삶의 원초적 조건들을 가장 정확하게 닮은 말이다. 어느 것에도 뚜렷하게 얽매이거나 굳이 이유를 말해야 할 까닭으로부터 자유로운 소위 '멍 때리는' 힐링(healing)의 언어이다. 그러나 이유 없는 이유는 없다. 그냥은 그냥이 되기까지 특별한 사연들을 품는다. 그러니까 그냥은 그냥이 아니다. 무심천은 겉보기와 달리 그냥 흐르지 않는다. 무심천이 그냥 평화롭게 보이는 것은 바다보다 더 깊은 '심연' 이기 때문이다.

> 여기 들어오는 자여
> 아래 하(下)자의 저 뿌리 끝
> 문(門)을 열고
> 한 번 가면 다시는 돌아오지 못하는
> 심연(深淵)의 하늘에
> 그대 마음
> 던지시오.
>
> 「무심천의 노래 1-소리」 전문

---

1) 글의 전개과정에서 인용된 제목인 『무심천의 노래』는 편의상 연작의 숫자와 부제로 대신한다.

무심천은 지나가는 곳이 아니라 문을 열고 '들어가는 곳' 이란다. 사람도 풍경도 계절도 물이 흘러가듯이 지나가는 곳으로 알았는데 문을 열고 들어간단다. 지나가는 곳에서는 애써 나의 때 묻은 그림자를 떨어뜨릴 필요가 없다. 바람처럼 뚜렷한 목적의식을 동반하지 않기 때문이다. '하문(下門)' 은 어머니의 자궁을 의미한다. 이렇게 되면 무심천은 어머니의 자궁이 되며 무심천으로 들어오는 행위는 어머니 품에 안기려는 의지가 된다. 노자도 『도덕경』에서 어머니의 자궁을 신이 죽지 않는 계곡인 '현빈지문(玄牝之門)' 으로 말하며 현빈의 문을 "하늘과 땅의 뿌리" 라고 했다. 그러니까 하문 즉 어머니의 자궁은 생명이 잉태되는 영원성의 거소(居所)가 된다.

물리적으로 하문으로 통하는 길은 단 한 번의 '일회성' 만이 존재한다. 태어날 때와 죽을 때이다. 그래서 "한 번 가면 다시는 돌아오지 못하는" 심연이지만 일상의 삶에서 무심천을 찾아가는 일은 문을 열고 들어가는 보다 적극적인 행위로 어머니의 자궁 속 심연과 언제나 만날 수 있는 공간으로의 이동이 된다. 무심천은 어머니의 현존으로 그곳에 들어가면 어머니가 기꺼이 맞는데 이때 무심천(無心川)은 '모심천(母心川)' 이 된다. 이런 의미에서 어머니는 신성이다. 세상에 어머니란 존재처럼 신성으로 드높여진 돌올한 존재는 없다. 그러나 그 신성은 폐기된 신성이 아니라 지금도 무심천처럼 "날마다 새롭게 흐르"는 신성, 나에게 작용하는 신성으로 영원히 현재성을 띠는 모심천이다.

그 어느 것의 곳도 아니면서
그 어느 것의 곳이기도 한.

봄까치꽃 버들치 해오라기 생쥐
어우러져 살아가는 생명의 터전.

지친 새의 날개를 단 이가
고양이 발걸음으로 찾아올 때,
함께 울어주는 안식처.

맑은 고을의
시원이며 탯줄이고, 젖줄이며,
놀이터이며, 배움터고, 휴식처이며
마음을 정화시키는 시원이고
그리고 생으로 연결된 응급실.

그 누구의 것도 아니면서
그 누구의 것이기도 한.

순간에 영원을

모래알에 우주를

담고 있는 곳.

「무심천의 노래 3-터」 전문

『무심천의 노래』는 청주의 '자연사 박물관'을 연상시킬 정도로 무심천을 터로 자생해 온 일체의 생명들의 향연이 생생하게 묘사된 '야생의 기록'이다. 긴 시간에 걸쳐 발품을 팔고 무심천의 밤과 낮을 벗 삼아 끝내 이룬 수고의 보람이다. 공자도 제자들에게 『시경』을 공부해야 할 일곱 가지 이유를 들면서 마지막 일곱 번째로 "새 짐승 풀 나무의 이름도 많이 알게 해 준다.(多識於鳥獸草木之名)"고 말했다. 그만큼 시는 자연에 의탁하며 자연의 현상에서 삶의 이치를 궁구한다. "그 어느 것의 곳도 아니면서/그 어느 것의 곳이기도" 하다는 말처럼 무심천을 정확하게 규정하는 말도 없을 것이다. 이기(利己)의 마음이 배제된 공동체 속에는 다양한 생명들이 제각기 자기류의 생명을 이어가는 건강한 생태가 자리한다.

우리의 삶에서 '무심함'은 원망과 미움으로 눈총을 받는 야속함과 무정함의 다른 이름이다. 적극적인 인위와 의도가 삭제된 곳에서 무심함이 움트지만 역설적으로 이 무심함으로 인해 관계는 거리와 틈을 확보하며 세계는 공간의 유용성과 자유를 획득한다. 노자의 '무용지용(無用之用)' 이 무심천의 비작위성에서 비롯되는 자연스러움이 발원되는 곳이다. 권희돈은 무심천을 "순간에 영원을/모래알에 우주를/담고 있는 곳."이라고 말했는데 이는 무심천의 시원이 재래적 신성으로 굳어진 세계가 아니라 신성의 현재성이 지금 여기에 작용하는 모성과 같은 '운동성' 을 말하는 것이다.

3

무심천의 달은
빈 마음으로 떠올라 더욱 밝고 둥글고

무심천의 물은
빈 마음으로 흘러 물소리 더욱 청량하고

무심천의 별은
빈 마음으로 떠서 어둠에 더욱 반짝이고

무심천의 꽃은
빈 마음으로 피어 바람에 더욱 흔들리고

「무심천의 노래 11-달, 물, 별 그리고 꽃」 전문

달은 떠오르고 물은 흐르고 별은 어둠에서 반짝이고 꽃은 바람에 흔들린다. 삼라만상의 자연의 섭리가 무심천이라고 빗겨 가진 않지만 권희돈이 보는 풍경들은 너무도 평화롭고 자연스러우면서도 한편으로는 이 자연스러움이 무심천이라 특별하게 다가온다. 같은 자리에서 동일한 풍경을 봐도 다르게 느끼는 소위 '심리적 인상'의 차이 때문이다. 현대인은 당연한 자연스러움을 시로 전경화하거나 사진으로 남기는 것 등을 특별한 일로 여기며 산다. 자연스러움은 예측 가능한 시간의 약속이며 시간에 의해 변화되는 세계의 모습이다. 본질적으로 자연의 섭리는 무심한 것으로 자연은 그 자체의 생명의 원리에 의해 스스로 그렇게 정해진 기운을 운행할 뿐이다. 작용이 전제된 '유심(有心)'한 자연이라면 조건과 상황에 따라 생명의 터전은 삶의 안정성을 위협 받게 될 것이다. 촉발된 감정은 편향성으로 흐를 가능성이 상존하므로 그만큼 현상은 불투명하다. 노자도 자연을 '천지불인(天地不仁)'과 '천도무친(天道無親)'이라고 했다. "자연(天地)의 이치는 인(仁)하지 않거나 특별히 친애하는 법이 없다."는 말이다. 무심함이 오히려 생명을 깃들게 하는 공간을 창출한다. 무심천은 그런 '내(川)'이다.

무심함은 아파트의 숲속에서 "쫓기고 쫓기다가 길가에 나앉는/아무 일도 없었다는 듯/햇빛의 애무를 받으며/

바람과 희롱하면서/노오란 미소로 반기면서"(26-「아파트와 개망초」) 피어있는 개망초와 "골똘히 혼자서/천국의 얼굴로 피어 있"(36-「흰젖제비꽃」)는 흰젖제비꽃, "잊을 만하면 길섶에 앉아 얼굴 내미는"(37-「달개비꽃」) 달개비꽃, "한 사내 위험하게 다가서도 꿈쩍 않는다/제 안에 무엇을 품고 있기에/저리도 평안한 것일까?"(39-「여귀꽃」)의 여귀꽃 등 권희돈의 마음을 끄는 꽃들은 한결같이 무심하다. 한 번 봐달라고 찾아와 달라고 유혹하거나 손짓하지 않지만 시인의 눈길과 발길을 잡는다. 설령 꽃을 지나쳤다고 해도 시인의 발길을 돌리게 하는 묘한 '끌림' 이 있다. 의미가 되는 상징성 때문에 꽃은 유독 인간에 의해 '작명' 에 포섭된다. 권희돈은 다양한 꽃들을 "저 꽃"으로 일단 집단적으로 명명한 뒤 그중 "봄까치꽃"에 붙여진 또 다른 이름인 "큰 개불알꽃"을 보면서 "저 꽃에 사람이 붙인 의미 다 지우고 나서야/저 꽃과 친구가 되는 게 아닐까?"(「38-저 꽃」)를 회의 한다. 이러한 시인의 생각은 무심천과 만나는 순간부터 지속적으로 그의 뇌리를 떠나지 않았던 생각이다.

첫눈 내리는 저녁
무심천 청주보 아래 백로 한 마리

물가에 발목까지 발을 담그고 섰다가
지나가는 나를 보고 하늘 멀리 날아간다.

나는 백로가 날아간 쪽을 물끄러미 쳐다본다.

억새 갈대 자갈 모래 비둘기 오리 들쥐 족제비
해 달 별 구름 바람 비 하늘 참새 촉새 황새
까치 서껀 같이 내내 잘 지내다가 왜 하필

나를 보고서야 날아가는 것일까?
나이기 때문에 날아가는 것일까?
사람인 나를 보고 날아가는 것일까?

생각할수록
나만 홀로 백로보다 멀어져 간다.

「30-무심천에서 추방당하다」 전문

마음을 내려놓고 무심의 문을 열고 들어왔지만 자연과 동화되지 못한 안타까운 현실을 말하고 있다. 꽃을 작명한 인간의 작위가 있는 한 꽃은 나와 일체가 되는 존재가 아니라 나에 의해 의미가 확정되는 비대칭의 종적인 존재가 된다. 관심이 유심이 되어 무심이 갖는 개방성을 삭제

한 탓이다. 무심천의 생명들이 시인을 보고 자리를 뜨는 것은 아직도 시인에게 그리고 인간에게 남아 있는 유심의 찌꺼기가 있기 때문이다. 무심천의 생명들은 그것을 본능적으로 느끼는 것인데 이러한 존재의 인식은 하이데거가 말한 '경건한 사유' 로서 '근본 기분' 에 관한 '물음' 을 던지는 태도이다.

> 괜찮을까? 저 어린 것? 거기가 어디라고 뛰어든단 말이냐, 그런 게 아니었다는 내 사과의 말 한마디라도 듣든지 말든지 하고 뛰어들어도 뛰어들 일이지…괜찮겠지?…너는 똑똑한 개구리이니까! 살아있는 물고기가 강물을 거슬러 오르듯 거센 물살을 헤치고 풀숲으로 나왔을 거야, 정말 살았을까? 물살이 여간 센 게 아니었잖아?
>
> 「27-개구리다리」 부분

권희돈의 생명에 대한 안타까움과 연민은 방서교와 장평교 사이 나지막한 콘크리트 다리를 건너던 중 인기척을 보고 급류 속으로 뛰어든 작은 개구리의 안위를 묻는 마음에서도 잘 드러난다. 그러면서 시인은 "내가 무지한 건지 개구리가 무지한 건지, 무심코 걸어온 내가 죄인지," 라며 자책을 한다. 무심은 무심으로 바라볼 때 각자의 주체적 자율성이 생성된다. 권희돈이 무심한 것처럼 개구리도 무심한 채 제 갈 길을 갔다면 급류로 낙하하는 일이 생기지 않았을 것이다. 개구리가 시인을 의식한 탓인데 이것조차도 권희돈은 자기 탓이라고 한다. 시인은 무심했다고 하지만 어딘가에 남아 있는 유심의 흔적을 개구리는 알았던 것이다.

이렇게 생명의 공존은 '상호성'이 전제되어야 가능한 힘든 일이지만 시인의 생명에 대한 연민의 마음과 시선은 귀하다. 꽃의 작명이 꽃과 가까워지는 것을 방해한다고 생각하지만 현실에서는 여전히 작명된 꽃으로 의미를 부여하는 것처럼 시인의 원죄의식은 어린 개구리가 뛰어내린 다리를 '개구리다리'로 작명해 주는 것뿐이다. 아마 권희돈은 이 작명조차도 무심에 반하는 부질없음으로 또 하나의 업(業)이라 생각할 것이지만 현실에서 그가 할 수 있는 유일한 속죄의 방편이다. 자연이 삶이고 교훈인 것은 자기 반영적 대상이기 때문인데 인간이 자연을 찾는 것 혹은 자연 속으로 들어가는 것은 이러한 진실을 확인하기 위해서이다.

4

『무심천의 노래』에는 역시 사람이 산다. 모두 무심천

을 닮은 사람들이다. "뇌병변으로 쓰러져 20년 동안 잃어버린 반쪽을 생각하며, 시간만 허비하며 살다가 치유커뮤니티에 나와 자기 수용에 대한 공부를 한 다음, 남아 있는 반쪽을 개발하여 새로운 인생을 살고 있다."는 부연 설명을 달고 있는 시 「46-웃는 무심천」은 '유해원 수필가에게' 란 부제를 달고 있다. 강단을 나온 권희돈은 '문학테라피스트(therapist)' 로서 새로운 삶을 개척했다. 문학작품을 통해 상처 받은 사람들의 마음과 소통하는 일종의 '문학 치유' 라는 정서의 교감 행위인데 시의 주인공을 이때 만난 듯하다. '포기' 를 패배라 하여 극단적으로 혐오하는 통념에서 "포기만이 희망이었음을 알았다는" 주인공의 자각은 문학테라피가 주는 놀라운 힘인 동시에 '긍정적 포기' 가 불러온 신생(新生)이다. 집착한 반쪽을 버리니 새로운 반쪽이 다가온 것이다. 안 되는 것을 붙잡고 소모적인 시간을 보내는 것보다 아직 남은 반쪽으로 "아, 우, 음 발음을 하다 아마마, 아바바 하고 옹알이를 하다 엄마, 아빠 소리를 처음으로 냈을 때는 하늘이 열리는 줄 알았"단다. 순간 무심천과 "어른아기"는 하나가 된다. 수필가란 호칭은 기적을 만든 주인공에게 시인 권희돈이 주는 영예로운 이름이다. 이 이름으로 어른아이는 이제 남은 생을 잃어버린 반쪽보다 더 크고 보람되게 살아갈 것이다. 20년 만에 튀어나온 일성(一聲), 엄마 아빠보다 더 감동적인 문학은 존재하지 않는다. 이 외에도 “제비꽃 마을이라 문패를 단 문우의 집”(50-봄날의 초대」)에 사는 최월성 시인, 감나무를 닮아 내어주기를 좋아하는(「51-감나무여인」) 이성숙 수필가, “그녀를 생각하면/채석강 바위절벽이 생각난다”(「48-천년의 책장」)며 층암절벽을 ‘천 년의 책장’이라고 익명으로 배려한 어느 수필가에 대한 그리움, 권명희 수필가의 상념과 고독을 위로하는 시인의 담담한 시선 등은 사람을 감싸는 따뜻한 희망을 엿볼 수 있는 대목이다.

그러고 보니 권희돈과 무심천은 참 많이 닮았다. 느린 걸음(牛步)과 느린 말(訥辯)은 그의 분신인데 이것은 주변과 눈을 맞추고 소통하기 위한 그만의 배려가 몸에 익은 까닭이다. 그와 만나고 돌아서면 마치 ‘취나물’을 먹고 난 후처럼 은은한 담백함이 오래 머문다. 무심천의 흐름이 그러하듯 느림 속에 깊은 고요와 울림이 있기 때문일 게다. 그의 시가 그렇고 그의 문학이 그렇고 그의 삶이 그렇다. 권희돈은 대학 때 스승이었다. 그 시절을 되돌아보니 작은 이야기(小說) 너머 세상에 흩어진 그 많은 이야기(大說) 보따리를 풀어놓으며 한편으로는 시를 궁굴리는 시기였던 것이다. 그러니까 권희돈에게 시는 대설로도 다 하지 못하는 세상의 이야기가 시로 응결된 것인데 그 농도를 가히 짐작할 만하다. 권희돈은 이번이 마지막 시집이라고 했다. 그 말의 의미를 알기에 되묻지 않았다. 무심천은 권희돈에게 '백조의 노래(Swan Song)' 인 셈이다. "무엇이 되기를 그만두었을 때,/나뭇잎은 울음처럼 붉어지기 시작했다.(……)//그 모두였던 초록을 남김없이 쏟아내었을 때/나뭇잎은 강물을 만나는 순간의 눈(雪)처럼 자유로웠다."(「42-단풍정신」)

무심천의 노래

지은이 | 권희돈

인쇄일 | 2021년 10월 25일
발행일 | 2021년 10월 30일

펴낸곳 | 도서출판 한솔
출판등록 | 등록 제아32호(1987년 12월 3일)
주　소 | 충북 청주시 서원구 모충로145번길 5-6(사직동)
전　화 | 043) 264-3079/8341

ISBN 978-89-91475-56-4　03810

* 이 책은 2021년 청주시 문화진흥재단기금 일부를 지원받아 발간하였습니다.